ALPHABET

RÉPUBLICAIN,

Orné de gravures, & suivi

De Conversations à la portée des enfans, propres à leur inspirer l'amour de la Liberté, de l'Égalité, & de toutes les Vertus Républicaines;

Et à les mettre en état de bien entendre la Déclaration des Droits, & la Constitution.

Par CHEMIN, Fils.

Accepté par la Convention Nationale, & approuvé par la Commune de Paris.

*

A PARIS,

A l'Imprimerie de L'AUTEUR, Rue de Glatigny, n°. 7, en la Cité, au bas du Pont de la Raison.

An II de la République.

Le même ouvrage, avec la seule figure du *jeune Barra couronné par la liberté, près le Panthéon Français*, se vend 5 sols, & 6 sols pour les départemens, franc de port.

On trouve à la même adresse, & du même auteur, *l'Ami des Jeunes Patriotes*, ou *Catéchisme Républicain*, avec neuf jolies gravures, contenant les actions heroïques des jeunes martyrs de la liberté, les principes de la lecture, de l'écriture & du calcul, l'histoire abrégée de la révolution, la déclaration des droits expliquée, la constitution, l'instruction sur l'année républicaine & sur les saisons, avec les meilleurs hymnes civiques. Prix, 25 sols, & 30 sols franc de port.

On ne doit avoir confiance qu'aux exemplaires revêtus de ma signature.

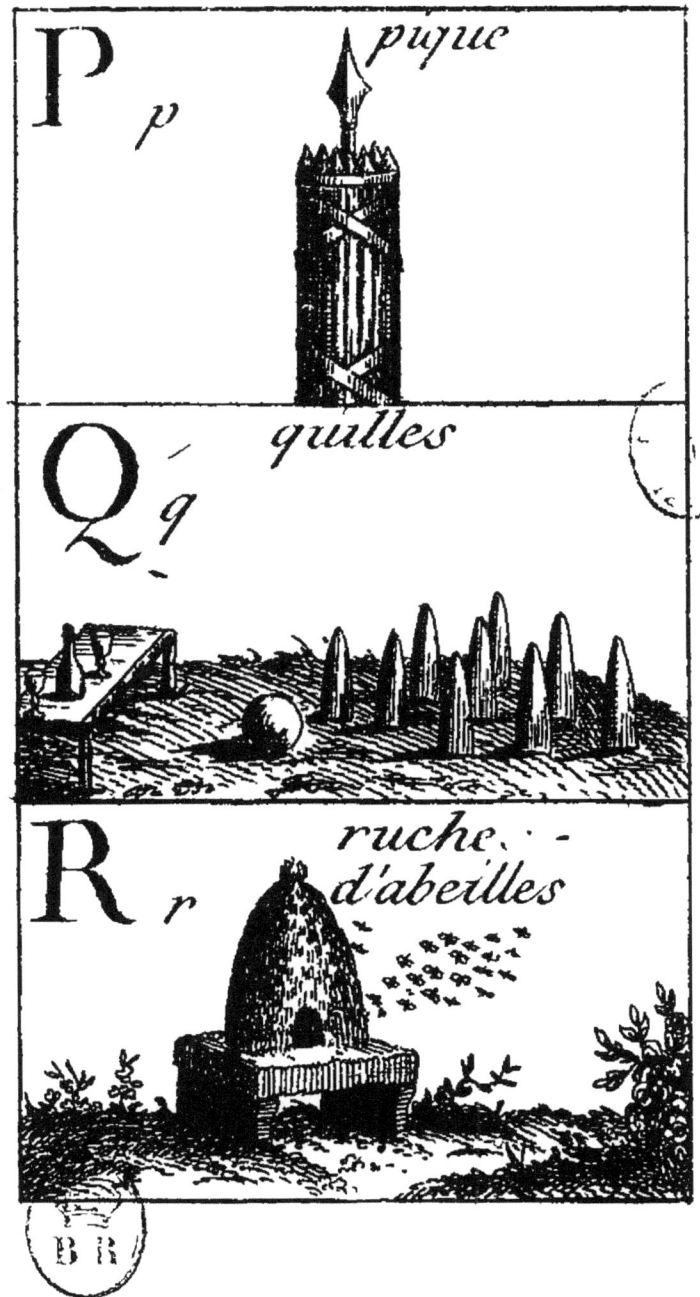

P p — pique
Q q — quilles
R r — ruche d'abeilles

S s *sabre*

T t *tonnelier*

U u *union*

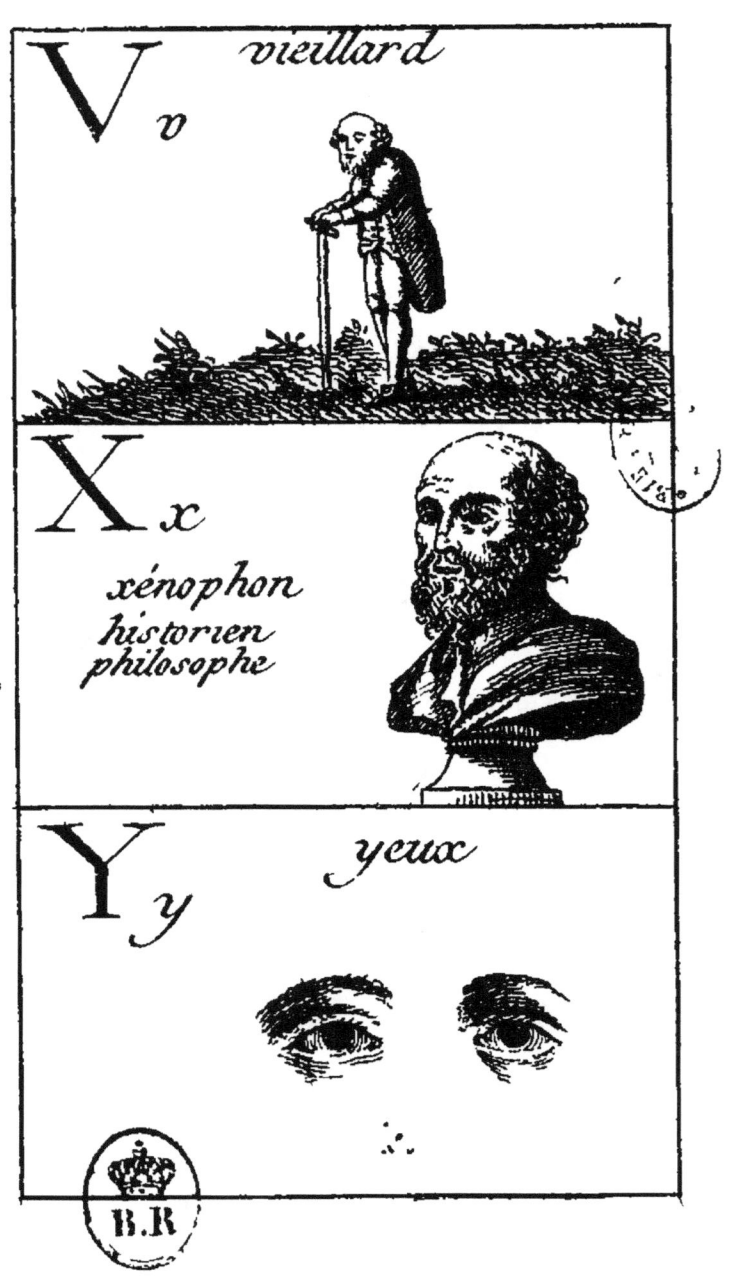

V v *vieillard*

X x *xénophon historien philosophe*

Y y *yeux*

SYLLABAIRE

Les Instituteurs, Institutrices, pères et mères, auront soin de faire prononcer aux enfans les syllabes suivant les accens qui sont sur les voyelles.
Les figures de ce syllabaire, ainsi que de l'alphabet, étant choisies dans l'histoire naturelle, les arts et métiers, la fable, la morale, la Géographie, &c. donneront aux enfans, pour peu qu'elles soient expliquées, les idées premières sur ces différentes sciences, et leur inspireront le désir de profiter par la suite de toutes les occasions qu'ils auront de s'instruire.

Ba. Ba-lei-ne.	Be. Bé-li-er.	Bi. Bi-che, femelle du cerf.	Bo. Bo-rée, dieu du vent, suivant la fable.	Bu. Bu-fle, bœuf sauvage.
Ca. Ca-nard.	Ce. Ce-ri-ses.	Ci. Ci-co-gne.	Co. Co-chon.	Cu. Cu-ve.
Da. Da-nois, grande race de chiens.	De. De-moi-sel-le.	Di. Di-a-ne, déesse de la chasse suivant la fable.	Do. Do-gue.	Du. Du-ran-ce, rivière au midi de la France.

a b c d e f g h i j k l m n o
p q r s t u v x y z

A B C D E F G H I J K L
M N O P Q R S T U V X
Y Z

Lettres liées ensemble.

& ff ft fi fli ffl ti fi ffi æ œ

Voyelles.

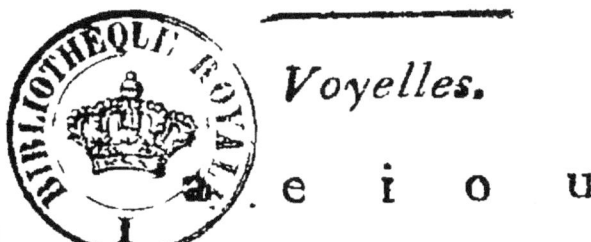

a e i o u

Les autres lettres de l'alphabet sont des *Consonnes.*

b c d f g h j k l m n p q r
s t v x z

A

Ponctuation.

, Virgule.
; Point-virgule.
: Deux Points.
. Point.
? Point interrogant.
! Point admiratif.

Accens.

´ Accent aigu.
` Accent grave.
^ Accent circonflexe.
' Apostrophe.

---

ba	bé	bê	be	bi	bo	bu
ca	cé	cê	ce	ci	co	cu
da	dé	dê	de	di	do	du
fa	fé	fê	fe	fi	fo	fu

ga	gé	gê	ge	gi	go	gu
ha	he	hê	he	hi	ho	hu
ja	jé	jê	je	ji	jo	ju
la	lé	lê	le	li	lo	lu
ma	mé	mê	me	mi	mo	mu
na	né	nê	ne	ni	no	nu
pa	pé	pê	pe	pi	po	pu
qua	qué	quê	que	qui	quo	quu
ra	re	rê	re	ri	ro	ru
sa	sé	sê	se	si	so	su
ta	té	tê	te	ti	to	tu
va	vé	vê	ve	vi	vo	vu
xa	xé	xê	xe	xi	xo	xu
za	zé	zê	ze	zi	zo	zu

---

bla	blé	blê	ble	bli	blo	blu
bra	bré	brê	bre	bri	bro	bru
chra	chre	chrê	chre	chri	chro	
chru						
cla	clé	clê	cle	cli	clo	clu
dra	dré	drê	dre	dri	dro	dru
fra	fré	frê	fre	fri	fro	fru

gla	glé	glê	gle	gli	glo	glu
gna	gné	gnê	gne	gni	gno	gnu
gra	gré	grê	gre	gri	gro	gru
gua	gue	gue	gue	gui	guo	guu
pla	plé	plê	ple	pli	plo	plu
pra	pré	prê	pre	pri	pro	pru
pha	phé	phè	phe	phi	pho	phu
spa	spé	spê	spe	spi	spo	spu
sta	sté	stè	ste	sti	sto	stu
tla	tle	tlê	tle	tli	tlo	tlu
tra	tre	trê	tre	tri	tro	tru
tha	thé	thê	the	thi	tho	thu
vra	vre	vrê	vre	vri	vro	vru

PREMIERE CONVERSATION.

Beauté de la Nature.

RE-GAR-DE, mon en-fant, tout ce qui t'en-vi-ron-ne. Vois le so-leil, qui é-clai-re & é-chauf-fe la ter-re que nous ha-bi-tons. Vois cet-te ter-re qui nour-rit les hom-mes et les a-ni-maux, et qui nous pré-sen-te les plus a-gré-a-bles cou-leurs. Vois ces ri-vi-è-res, dont les eaux nous don-nent u-ne sa-lu-tai-re bois-son, & ar-ro-sent nos champs. Vois ces a-ni-maux, dont les uns nous four-nis-sent u-ne bon-ne nour-ri-tu-re, & les au-tres des vê-te-mens. (Re-gar-de la fi-gu-re de la let-tre

C, qui re-pré-sen-te la *Campagne*.)

La Beauté de la Nature prouve qu'il existe un être suprême.

Si tu fais attention à l'ordre et à la beauté de toutes ces choses, tu sentiras que ce monde, dans lequel tu es entré depuis quelques années, est conduit par un être puissant, que nous ne pouvons pas connoître, mais dont les grands ouvrages prouvent l'existence. Cet être puissant, cet être suprême, nous l'appellons DIEU.

Les Loix de Dieu sont dans notre cœur.

C'est à Dieu que nous devons tous l'existence. C'est lui qui nous a rendus capables de connoître ce qui est bien et ce qui est mal. C'est lui par conséquent, qui nous ordonne de faire toujours ce qui est bien, et de ne jamais faire ce qui est mal. C'est en faisant toujours ce qui est bien, que nous sommes heureux. C'est en faisant ce qui est mal, que nous sommes malheureux. Il n'y a pas de bonheur pour le méchant. Quand tu as bien fait, tu es content, voilà le bonheur. Quand tu as mal fait, ton cœu te le reproche, voila le malheur, que le méchant ne peut éviter, même quand son crime est caché.

La Religion consiste à suivre les Loix de Dieu.

Tu vois, mon enfant, que

les loix de Dieu sont aussi simples et aussi belles que ses ouvrages. Faire ce que notre cœur nous commande, ne pas faire ce qu'il ne commande pas, ou ce qu'il défend, c'est ce qu'on appelle la RELIGION NATURELLE. C'est la religion du sage. Car on est sûr de ne jamais se tromper, quand on suit exactement la voix de Dieu ou de la Nature, ce qui est la même chose. Or Dieu, ou la Nature, fait toujours entendre sa voix dans notre cœur, et jamais il ne la fait entendre autrement.

DEUXIEME CONVERSATION.

Amour Paternel et Maternel.

LA terre produit tout ce qu'il faut aux hommes, pour les nourrir et les habiller. Mais ce n'est qu'à force de soins & de peines qu'ils lui font produire ce qui leur est nécessaire. Il faut donc que tous les hommes travaillent. Toi, mon enfant, qui n'as pas encore assez de forces, tu ne sais pas ce que c'est que travailler, & cependant tu manges, & tu uses des habillemens. Si personne n'avoit soin de toi, tu mourrois de faim, car tu ne sais pas encore gagner de quoi vivre ; tu as donc bien des obligations à ton PERE

& à ta MERE, qui ont travaillé & qui travaillent pour te procurer toutes les choses nécessaires à ton existence. Vois comme ils t'aiment. Leur plus grand plaisir est de te voir, de t'embrasser. La nuit, le jour, ils veillent à ta conservation. Ils te nourrissent, ils te vêtissent, ils t'instruisent. Aime les donc autant qu'ils t'aiment. Crains de perdre leur amitié. Car tu serois bien malheureux, s'ils ne t'aimoient plus ; & ils seroient forcés de ne plus t'aimer, si tu ne leur marquois pas d'amitié, si tu ne faisois pas ce qu'ils désirent, si tu ne voulois rien apprendre, si enfin tu faisois ce que ton cœur te défend, par exemple, si tu étois méchant avec tes camarades, si tu prenois des choses qu'on ne t'auroit pas données, &c. Profite aussi des instructions que ton pere et ta mere te donnent, ou te font donner, afin que tu sois en état, le plutôt possible, de gagner toi-même ta vie. Car rien n'est plus méprisable, que le paresseux qui ne sait ou qui ne veut pas travailler, & qui a besoin des autres pour vivre.

TROISIEME CONVERSATION.

Les Travaux de la Campagne.

VA dans les champs. Tu sauras combien le pain que tu manges coûte de peines et de sueurs. Vois ces hommes, qui, appuyés sur une charrue, tracent dans la terre de profonds sillons. Vois les ensuite marchant à grands pas dans les champs sillonnés, jetter le grain qui en doit produire d'autres. Vois les encore, lorsque ce grain est poussé, s'arracher au repos dès la pointe du jour, et le dos courbé et brûlé par l'ardeur du soleil, recueillir la moisson. Si tu pouvois suivre ces hommes respectables dans tous leurs travaux, tu verrois combien ils rendent service à leurs semblables. Aussi aime et respecte toujours les bons habitans de la campagne. Ce sont les hommes les plus utiles, puisqu'ils sont nos peres nouriciers. L'art qu'ils exercent, qu'on appelle L'AGRICULTURE, est le premier de tous les arts, puisque c'est lui qui nous procure les choses nécessaires à la vie.

(Regarde les figures des lettres B, L, M, qui représentent quelques travaux de la campagne, *ceux du Bûcheron, du Laboureur, des Moissonneurs.*)

QUATRIEME CONVERSATION.

Le Gouvernement.

POUR que les hommes vivent, il faut, non seulement qu'ils cultivent la terre, mais encore qu'ils se gouvernent, c'est-à-dire qu'ils établissent entr'eux le bon ordre, afin qu'un individu ne fasse rien qui soit nuisible à un autre. Car si ce bon ordre n'étoit pas établi, le plus fort pourroit tuer le plus foible, pour prendre sa dépouille, & tous les hommes se detruiroient les uns les autres.

Le Peuple.

Une masse d'individus réunis pour vivre sous le même gouvernement, s'appelle PEUPLE, ou NATION.

L'Égalité.

Le Peuple seul est souverain, c'est-à-dire maître, & seul il peut se donner des loix à lui-même. Car *tous les hommes étant égaux par la nature*, aucun homme ne doit imposer de loi à un autre. Aussi, dans une société bien réglée, telle que la grande société du Peuple Français, qui s'est delivrée des tyrans, c'est-à-dire de ceux qui vouloient être maîtres du peuple, c'est le peuple lui-même qui fait ses loix, & qui veille à leur exécution.

La République.

Une pareille société, où le peuple est souverain, & où tous les citoyens sont égaux, c'est-à-dire ont les mêmes droits, s'appelle RÉPUBLIQUE. C'est le meilleur de tous les gouvernemens.

La Loi.

Lorsque le peuple est trop nombreux, pour pouvoir discuter les affaires publiques avec la promptitude qu'elles exigent souvent, il nomme des représentans, qui se réunissent en commun pour rendre sur les cas pressés, des décrets auxquels on doit obéir, & pour proposer au peuple des loix qu'il accepte ou qu'il rejette. Quand plus de la moitié du peuple a accepté une loi proposée par ses représentans, *la loi est formée*, & dès lors tous les citoyens doivent s'y soumettre ; car il faut que le plus petit nombre se conforme à la volonté du plus grand nombre.

Le peuple charge aussi des citoyens de faire exécuter les loix, & de punir ceux qui ne les exécutent pas.

Tous ces citoyens, à qui le peuple confie ses pouvoirs, s'appellent, les uns représentans du peuple, les autres administrateurs, les autres juges.

La Liberté.

Un bon citoyen doit leur obéir quand ils agissent d'après les loix. Mais quand ils violent les loix, c'est un crime de leur obéir. Car on ne peut être bon citoyen, qu'en conservant sa liberté, & la LIBERTE consiste à n'obéir qu'aux loix. Celui qui obéit à un homme qui n'agit pas en vertu de la loi, n'est plus un homme libre; c'est un esclave, c'est-à-dire le plus vil & le plus lâche de tous les hommes. (Regarde la figure de la lettre A, qui représente *l'Assemblée Nationale.*)

CINQUIEME CONVERSATION.

Le Défenseur de la Patrie.

NOTRE PATRIE est le pays qui nous a vus naitre. Nous devons par conséquent veiller a sa conservation, même au péril de notre vie. Car il vaut mieux qu'un homme périsse, plutôt que de voir la Patrie, et ceux qui l'habitent, tomber au pouvoir de l'ennemi. Ainsi quand la Patrie est attaquée, nous sommes tous soldats, et nous devons tous être prêts à marcher, soit pour réduire les méchans qui ne veulent pas obéir aux loix, soit pour repousser les ennemis du dehors, qui voudroient se rendre maîtres de nos personnes, de nos biens, et faire de nous, leurs esclaves.

Le Peuple Français a juré d'être libre, c'est-à-dire de n'avoir jamais d'autre maître que lui-même, et jamais il ne recevra la loi d'aucun homme ni d'aucun peuple, parce que la servitude est le plus grand des malheurs. Pendant que parmi nos freres, les uns travaillent dans les champs pour la nourriture de tous, et que d'autres chargés du gouvernement, s'occupent du bonheur du peuple, les Défenseurs de la Patrie répandent leur sang pour conserver notre liberté, et empêcher que nos campagnes et nos maisons ne soient ravagées par le fer & le feu de nos ennemis. Aussi la nation ne laisse pas leurs glorieux travaux sans récompense. (Regarde les figures G, P, S, qui représentent *un Guerrier, une Pique, & un Sabre.*)

SIXIEME CONVERSATION.

Arts & Métiers.

Tu as vu, mon enfant, le vertueux habitant des campagnes, arroser la terre de ses sueurs, pour en tirer la nourriture du Peuple ; tu as vu le depositaire des pouvoirs du Peuple, travaillant à son bonheur, en faisant exécuter les loix ; tu as vu le guerrier braver les dangers & la mort pour défendre sa patrie ; une quatrieme classe d'hommes merite encore ton admiration & ta reconnoissance : ce sont ceux qui s'occupent de travaux utiles à la société, les hommes livrés aux ARTS & MÉTIERS, & au COMMERCE.

Vois ce vigoureux forgeron, qui donne au fer la forme qu'il veut, & qui d'un métal dur & grossier, fait une arme terrible & commode ; vois cet adroit menuisier, qui façonne le bois, & le rend propre à toutes sortes d'usages ; vois ce patient maçon, qui avec la pierre brute, bâtit des maisons aussi agréables que solides ; vois cet ingénieux imprimeur qui multiplie rapidement les productions de la pensée, & fait connoître en un moment à toute la France ce que le représentant a dit à la tribune de l'Assemblée Nationale. Vois aussi l'industrieux commerçant, qui fait jouir ses concitoyens de toutes les marchandises qui leur sont nécessaires, & que souvent il fait venir de pays éloignés.

Voila les hommes utiles à la societé ; voilà les seuls hommes qui méritent de l'estime. Tous les oisifs, qui ne savent rien faire, ou qui ne s'occupent que d'objets inutiles à la société, lui sont à charge, & sont des êtres méprisables & dangereux, qu'un peuple libre & républicain devroit rejetter de son sein, comme les abeilles laborieuses chassent de leurs ruches les frelons paresseux.

(Regarde les figures des lettres F, I, T, qui représentent les hommes occupés à différens métiers, tels que le *Forgeron*, *l'Imprimeur*, le *Tonnelier*, & les figures N, P, S, qui représentent différens ouvrages de l'art, tels qu'un *Navire*, ou vaisseau, une *Pique*, un *Sabre*; & enfin regarde la figure de la lettre R, qui représente une *Ruche*, près de laquelle sont les abeilles laborieuses.

―――――

SEPTIEME
CONVERSATION.

L'Enfance.

APRÈS avoir vu les différens travaux de la société, tu seras bien aise de connoître les différens âges de la vie humaine.

Chaque âge a ses plaisirs & ses devoirs. Le premier âge de la vie est l'ENFANCE : c'est l'âge de la foiblesse, & où l'on a plus besoin des autres que jamais. C'est aussi l'âge de l'innocence. C'est pour cela que tout le monde aime les enfans, excepté quand ils sont méchans & paresseux. On demande peu de chose à l'enfant. Car il n'a pas encore assez de forces pour travailler beaucoup. Mais il peut bien apprendre à lire ; cela n'est pas difficile, & ceux qui ne savent ni lire ni écrire, sont bien malheureux. Tu seras bien content quand tu sauras lire. Cela te rendra capable d'apprendre d'autres choses qui te seront utiles, & qui te procureront bien des agrémens.

Fais tout ce qu'on te demande. Car ceux qui te conduisent sont trop raisonnables pour te demander des choses au dessus de tes forces. Fais tout de bon cœur : ce qu'on fait de mauvaise humeur n'est jamais bien fait. Quand on te permet de jouer, joue de bon cœur. Il est bon que les enfans jouent, mais seulement après avoir bien travaillé.

Quand tu es avec tes camarades, sois bon & complaisant avec eux. Car ce sont tes freres & tes égaux. *Ne fais pas à ton camarade ce que tu ne voudrois pas qu'il te fît, & fais pour lui tout ce que tu voudrois qu'il fît pour toi*, excepté le mal. Sois toujours joyeux, excepté quand tu as mal fait, ou quand tu vois quelqu'un mal faire, ou souffrir. Du reste, ne sois jamais triste; il n'y a que le méchant qui puisse être triste. L'enfant sage est toujours content. (Regarde la figure de la lettre E, qui represente un *Enfant*.)

HUITIEME
CONVERSATION.

La Jeunesse.

LA JEUNESSE est le second âge de la vie. Un enfant qui a bien profité, ne doit plus être un enfant après douze ou treize ans ; il entre dans la jeunesse. C'est l'âge d'apprendre pour toute la vie. Dans la jeunesse, on apprend des choses plus difficiles que celles qu'on a apprises dans l'enfance. On travaille plus long-tems, & avec plus d'assiduité. On joue encore dans la jeunesse, mais ce n'est plus à des jeux frivoles, c'est à des jeux utiles, qui donnent de la force ou de l'adresse, comme la course, la danse, l'exercice des armes, &c. C'est aussi l'âge d'apprendre un métier. Après les premieres années de la jeunesse, on doit savoir gagner sa vie, pour se rendre utile à la société, & n'être plus à charge à ses parens. C'est aussi dans la jeunesse qu'il faut apprendre les loix de son pays, pour s'accoutumer de bonne heure à les suivre exactement, à se conduire toujours en bon citoyen, à aimer sa patrie plus que soi-même, plus même que sa famille, & à chérir par dessus tout la liberté & l'égalité, qui seules peuvent faire le bonheur des hommes. (Regarde la figure de la lettre D, qui représenre une danse de jeunes gens.)

NEUVIEME CONVERSATION.

L'Age Mûr.

C'EST le troisieme âge de la vie. Il commence à vingt-un ans. C'est dans L'AGE MUR qu'on met à profit tout ce qu'on a appris dans l'enfance & dans la jeunesse. C'est à cet âge qu'on peut être le plus utile à la societe, parce que c'est à cet âge que les facultés du corps & de l'esprit sont le plus développees. A cet âge, l'homme & la femme, pleins d'ardeur & de forces, travaillent pour s'assurer les moyens d'exister le reste de leur vie, pour soutenir la vieillesse de leurs pere & mere, pour élever leur famille. L'homme, dans les champs, dans les emplois publics, dans les armées, dans son commerce, ou dans son métier, prépare le bonheur de sa patrie & le sien. La femme dans son ménage, fait le bonheur de son mari & de ses enfans. Tous deux, par l'exemple de toutes les vertus, méritent l'estime de leurs concitoyens. A cet âge, l'homme qui a de la force dans le caractere, sent tout le prix de la liberté, & est prêt à périr plutôt que de se la voir arracher par des tyrans. (Regarde la figure de la lettre A , qui représente des hommes occupés du gouvernement à *l'Assemblée Nationale*, & les figures des lettres B, G, I, L, M, T, qui représentent des hommes occupés à des travaux utiles, comme *le Bûcheron*, *le Guerrier*, *l'Imprimeur*, *le Laboureur*, *les Moissonneurs*, *le Tonnelier*.)

DIXIEME CONVERSATION.

La Vieillesse.

APRÈS l'enfance, la jeunesse & l'âge mûr, vient le quatrieme & dernier âge de la vie, qu'on appelle la VIEILLESSE, & qui commence, lorsque les forces de l'âge mûr s'épuisent. C'est l'âge du bonheur pour les bons; ils jouissent du respect de la jeunesse. Toute leur vie passée leur rappelle les bonnes actions qu'ils ont faites, les vertus qu'ils ont pratiquées, les services qu'ils ont rendus à leurs semblables. Ce souvenir fait le charme de leur vieillesse. Ils attendent la mort avec calme. La mort de l'homme vertueux est un doux sommeil. Cet âge au contraire est le tourment des méchans, à qui leur conscience reproche toutes leurs mauvaises actions. La mort est affreuse pour eux, & ils finissent leur détestable vie au milieu des remords & des craintes.

La vieillesse est l'âge du repos. Celui qui a pu mettre à part le fruit de son travail, en jouit alors. Celui dont le travail ne lui a pas procuré de quoi vivre dans la vieillesse, doit être nourri & soigné par ses enfans, s'il en a qui soient en état de le faire; & s'il n'en a pas, la nation vient à son secours. Car la nation n'abandonne que ceux qui, pouvant travailler, ne le veulent pas. Mais le vieillard, dont les forces sont épuisées, doit être secouru par ses concitoyens. (Regarde la figure de la lettre V, qui représente un *vieillard*.)

Tu as vu, mon enfant, dans les différentes professions, & dans les différens âges que je t'ai indiques, la carriere que tu pourras parcourir. Pour te bien conduire toute ta vie, il faut te bien conduire à présent. Si tu te fais aimer dans l'enfance, tu sauras te faire aimer par la suite, & tu seras toujours heureux, & toujours digne de l'être.

VIVE LA LIBERTÉ,
l'Égalité, la Fraternité !
VIVE LA REPUBLIQUE,
Une & Indivisible !

Chiffres Arabes.

1 un, 2 deux, 3 trois, 4 quatre, 5 cinq, 6 six, 7 sept, 8 huit, 9 neuf, 0 zéro.

Chiffres Romains.

I un, II deux, III trois, IV quatre, V cinq, VI six, VII sept, VIII huit, IX neuf, X dix, XI onze, &c. XX vingt, XXX trente, XL quarante, L cinquante, LX soixante, XC quatre-vingt-dix, C cent, CC deux cents, CCC trois cents, CD quatre cents, D cinq cents, M mille.

FIN

De l'Imp. de CHEMIN, Éditeur du Journal des Inventions dans les Arts & Métiers, Rue de Glatigny, N°. 7, en la Cité, au bas du Pont de la Raison.

www.ingramcontent.com/pod-product-compliance
Lightning Source LLC
LaVergne TN
LVHW021733080426
835510LV00010B/1240